Made in the USA
Monee, IL
13 December 2019

18531560R00069